दो बारिशों के बीच

(कविता संग्रह)

वाणी प्रकाशन
नयी दिल्ली-110002

दो बारिशों के बीच

राजेन्द्र धोड़पकर

ISBN- 81-7055-434- 9

वाणी प्रकाशन
21 ए, दरियागंज नयी दिल्ली-110002
द्वारा प्रकाशित

संस्करण 1996

मूल्य : 50.00 रुपये

शब्द-संयोजक
विनायक कम्प्यूटर्स, शाहदरा, दिल्ली-110032

शुभम ऑफसेट, शाहदरा, दिल्ली-32
द्वारा मुद्रित

DO BARISHON KE BEECH
(A Poetry Collection)
by Rajendra Dorpakar

अनुक्रम

चौराहा

इन जगहों से धीरे-धीरे गुजरता रहेगा सब कुछ
इन चौराहों के कोनों में जो कुछ छूट गया है
स्मृतियाँ फुसफुसाहटें गानों के टुकड़े
बेवक्त बारिश में बह जायेंगे
सिगरेटों के टुकड़े और धुल जायेगी
गुड़मुड़ी कागजों की स्याही
क्या तब भी बचा रहेगा युवावस्था का दुस्साहस

बार-बार लौट कर आयेंगे हम यहाँ जब
सारी दुकानें बन्द हो चुकी होंगी सिवाय
एक चाय और सिगरेट की दुकान के
आयेंगे खाली हाथ : एक समूचा दिन बीत चुका होगा
अस्तव्यस्त सोती इमारतों और सड़कों को
सरका कर जरा आराम से बैठने की जगह बनायेंगे
आयेंगे खाली हाथ : एक समूचा दिन बीत चुका होगा
बार-बार दोहरायेंगे अपनी असफलताएँ पश्चात्ताप से
बचते हुए सावधानी से

आधी रात में आवाज आ रही होगी सिर्फ
पास से एक अखबार के छपने की
कोई एक जन कहेगा घर लौट कर सोने की इच्छा
लेकिन तब तक घर लौटने का समय बीत चुका होगा

आधी रात के बाद शुरू होगी अचानक बारिश
धुल जायेगा सारा चौराहा तेज गरजती बारिश में
दब जायेगी प्रेस की आवाज बह जायेगा सब कुछ नालियों में
सुबह होने से पहले एक पुराना ट्रक आयेगा
शहर के अन्दर से
और सारी बारिश भर कर चल देगा दूसरे शहर की ओर।

पूर्वजन्म

पूर्वजन्म की अब कोई भी स्मृति बाकी नहीं है
पूर्वजन्म की सारी चीजों से धुन्ध की तरह लिपटी
मेरी स्मृतियाँ गायब हो गयीं तो
सारी चीजें तेज धूप में साफ चमक रही हैं

मैं याद करता हूँ
मैं कोई योद्धा था या कवि या गड़रिया
किसी लड़की से प्रेम की वजह से मारा गया
या मैं मरा प्लेग से
या मैं निकल गया था यात्रा पर, फिर मेरा कुछ अता-पता नहीं चला

कितने अकाल देखे मैंने कितने युद्ध
कितने वायदों, कितनी मौतों, कितनी बोगदों
और पुलों से गुज़रा मैं

मुझे कुछ याद नहीं है
कितना भयानक है यह
आसपास साफ-साफ चमकती सारी दुनिया
है छाया पूर्वजन्म की
और दिन चढ़ते पूर्वजन्म की कोई स्मृति बाकी नहीं है

जड़ें

हवा में बिल्कुल हवा में उगा पेड़
बिल्कुल हवा में जमीन में नहीं
बादलों पर झरते हैं उसके पत्ते
लेकिन जड़ों को चाहिए एक आधार और वे
किसी दोपहर सड़क पर चलते एक आदमी के
शरीर में उतर जाती हैं
उसके साथ उसके घर जाती हैं जड़ें
और फैलती हैं दीवारों में भी
आदमी झरता जाता है दीवारों के पलस्तर सा
जब भी बारिश होती है उसके स्वप्नों में पत्ते झरते हैं बादलों से

जब दोपहर में आदमी चला जाता है शहर में खपने
तब एक फल गिरता है आँगन में
सुनसान धूप में
और उसके सोते हुए बच्चे की आवाज़ खाने दौड़ती है उसे

तुम्हारा नाम

तुम्हारे नाम का एक-एक अक्षर आता है मुझ तक
एक-एक लहर पर सवार
यह विस्मृति का समुद्र है

लगातार बारिश के दिनों में जब
लगातार एक धूसर अँधेरे में
मृतकों और जीवितों के बीच फर्क मिटने लगता है
बहुत पहले झरे हुए फूल
फिर से पौधों पर खिलने लगते हैं

मैं अपने को पाता हूँ एक लगातार बरसते
धुँधले समुद्र तट पर
स्मृति-विस्मृति की सीमा पर

वहाँ सिर्फ तुम्हारा नाम मुझ तक
लौट-लौट कर आता है।

सन्धिकाल

हमारे चारों ओर फैल रहा है हल्का अँधेरा
तोतों के झुंड छोड़ कर जा रहे हैं शहर
उनका रंग घुल रहा है इस अँधेरे में
यह वह जगह है, जहाँ कविताओं की आखिरी
पंक्तियाँ भी खत्म होती हैं
यह सन्धिकाल है शब्दों और घुप्प अँधेरी खामोशी के बीच
इस जगह कविताओं की आखिरी पंक्तियाँ भी
खत्म हो जाती हैं

अपने बसेरों से बाहर आकर कबूतर मँडराते हैं ऊपर-ऊपर
एक चौराहा, मेहराबें, असंख्य दिशाओं को जाती
सड़कें, खिड़कियाँ, सबके बीच फैली प्राचीन गन्धवाली हवा
सब कुछ धीरे-धीरे घुलता है एक अदृश्य द्रव में
दृश्य के बाहर के पेड़ों की सूखी पत्तियाँ उड़-उड़ कर
यहाँ जमा होती जा रही हैं।

एक और दृश्य प्रकट होता है धीमे-धीमे
पुराने अखबार, टूटा फनीर्चर, विस्मृति
पीतल के हरे पड़ते बर्तन, एक आईना
चमकता एक अकेली आँख सा, सीढ़ियाँ, उन पर
पड़े पुराने अखबारों पर झरती हैं सूखी पत्तियाँ

एक निरर्थक बस स्टॉप पर अन्तहीन प्रतीक्षा
करता है एक आदमी

मैं भूल जाना चाहता हूँ सब कुछ जो छूट गया है
जैसे एक पल बिजली की कड़कड़ाहट में स्मृतियाँ
स्तब्ध हो जाती हैं गौरैया के बच्चों की तरह
मैं जीना चाहता हूँ इस क्षण में लगातार
मैं यह आखिरी सीढ़ी शब्दों की उतर जाना चाहता हूँ।

घुलती जा रही हैं पत्थर की सीढ़ियाँ
मेहराबें और खिड़कियाँ, एक
कबूतर अब तक बैठा है एक अँधेरे कोने में
हवा में फैली हैं वे घातक भूलें जो हमने नहीं कीं,
हमसे सम्भव नहीं है जिनका प्रायश्चित्त भी

लेकिन क्यों जाना है हमें शब्दों के पार
भाषा ही थी जिसकी दूब सी उँगलियों से
छू-छू कर हमने जानी थी दुनिया
हम जो अन्धे थे किसी भी कवि की तरह
हम जो गूँगे थे किसी गायक की तरह

दूर तक फैली बस्तियाँ देखते हैं अपनी बूढ़ी आँखों से
पछताते हैं पुरखे तरस खाते हैं हमारी बदकिस्मती पर

भाषा में याद रहती हैं वे चीजें जिनका कोई
प्रायश्चित्त नहीं
मैं भूलना चाहता हूँ खास तौर पर वे चीजें
जो नहीं हुईं

देखा नहीं जाता हमसे पछताना पुरखों का जिनकी
वजह से लौटना सबसे कठिन क्रिया
बन गयी है हमारी भाषा के
अकालग्रस्त क्षेत्र में
एक आदमी अपने ही प्रतिबिम्ब का इकतारा लेकर
गाता हुआ खड़ा है

यह सन्धिकाल है
भूलने और लौटने के बीच एक तनी हुई
रेखा पर घूम रही है पृथ्वी
दम्भ या लापरवाही से जिसका पैर
डगमगायेगा
वह गिरता चला जायेगा अतल गहराई में।

सवाल

आकाश पर उभरता है खून का एक धब्बा
शाम के धुँधलके में फैलता चला जाता है
जंगल से घर लौटते एक आदमी की आँखों में उतर जाता है
खून के धब्बों में तैरते हैं पक्षियों के नुचे हुए पंख

आदमी लौटता है शहर की तंग टेढ़ी-मेढ़ी गलियों में
जहाँ बच्चे धूल में खेल रहे हैं। शाम होते-होते
माँएँ बच्चों को घर बुला लेती, दरवाजे बन्द कर लेती हैं

एक बच्चा छूट जाता है खेलते हुए दूर निकल जाता है
आकाश की नदी में छूट गया है एक सितारा पिछली रात का
किनारे की झाड़ियों में उलझ गया है
सितारा कहता है—भागो भागो वरना मारे जाओगे
जो पिछले हत्याकांड में बच गये थे

(मृत्यु के पंख नहीं हैं, वह तेज-तेज कदमों से
चलती आ रही है जंगल की दूसरी ओर से)

यह तय था जो अन्त में लौटेगा उसे जवाब देने होंगे
पेड़ से टूटी हुई एक हरी पत्ती का क्या हुआ

पिछली रात के छूटे हुए सितारे का क्या हुआ
काली पड़ती रात पर किसके पंजों की छाप थी

मृत्यु लौट जाती है जंगल की दूसरी ओर
लौटते हुए आदमी की आँखों में सवाल छोड़ कर।

तीर्थयात्रा

[आकंडी, यहाँ सात सौ वर्ष पूर्व सन्त कवि ज्ञानेश्वर ने समाधि ली थी]

कवि, हम आये हैं
सात सौ साल बाद
टटोलते हुए राह
अपनी भाषा में घिरते हुए ठंडे अँधेरे में, थके-हारे

हमें थोड़ी आग दो, हाथ तापने को
थोड़ा पानी दो, धूल भरे हाथ-पाँव धोने को

हम नहीं आ पाये थे उस दिन
नहीं जो शामिल थे उस दिन के महोत्सव में
जिस दिन तुम धरती के गर्भ में लौटे थे
तुम शब्द थे नाद में लौटते हुए
तुम आकाश थे धरती में लौटते हुए

सह्याद्री के पहाड़ दूर आकाश का स्वप्न देखते हैं

हम जो चूक गये थे सात सौ साल पहले
हम आकाश का स्वप्न देखते रहे थे देर
विस्मृत की धर्मशालाओं में सोते हुए
हम सौदा सुलफ करते रहे थे गाँवों के हाट बाजारों में

खच्चरों पर सामान लादे पगडंडियों पर यात्राएँ कर रहे थे
जलते हुए मकानों का दुःख मना रहे थे

कवि हम लौटे हैं
जब गाँवों के बाजार नहीं रहे
जले हुए मकानों की राख है फैली धरती पर
हमें थोड़ी आग दो, हाथ तापने को
थोड़ा पानी दो, धूल भरे हाथ-पाँव धोने को।

जिस जगह मैं पहुँचा हूँ
यह मेरा घर नहीं है
आँगन में सूखते ये कपड़े मेरे नहीं हैं
अगले मोड़ पर मेरे दोस्त मेरा इन्तजार नहीं कर रहे
मैं पहुँचा हूँ इतनी लम्बी और कठिन यात्रा के बाद
एक और अजनबी जगह पर
जहाँ एक लालटेन झूल रही है बीतती हुई शाम में
एक खटारा बस धूल उड़ाती हुई मुझे यहाँ छोड़ गयी है

मैं पूछता हूँ अपनेआप से—क्यों
लौटना सबसे कठिन क्रिया बन गयी है
हमारी भाषा के अकालग्रस्त दृश्य में
जहाँ से पेड़ खामोश जा रहे हैं
बेदखल होकर अपनी जमीनों से
मैं पूछता हूँ अपने आप से—क्या
मैं गलत बस में सवार हो गया था

तभी मुझे खयाल आता है उन आदिवासी मजदूरों का
जो अपने जीवन की समूची पूँजी लगा कर

लौट रहे थे इसी बस में गठरियों के बीच
गठरियाँ बने, ठसे हुए बैठे
क्या वे भी गलत बस में सवार थे

शाम के धुँधलके प्रकाश में मैं
अपने आप से पूछता हूँ

उसका आना

उसका आना इतना चुपचाप जैसे वह
अपने से सम्बन्धित सारी आवाजें बाहर ही छोड़ आया था
उसने आकर मेरे कन्धे पर हाथ रखा
उसका स्पर्श इतना हल्का कि लगभग नहीं
जैसे हवा को छुआ हो उसने
मैंने देखा उसे पलट कर
और शायद मैंने कुछ नहीं देखा
वह सम्भवतः बैठा मेरे कमरे में

वह मेरे बचपन का खेल का मैदान था या
कालेज के दिनों का वह नुक्कड़ जहाँ हम बैठते थे
वह कोई दोस्त था जो नौकरी के लिए हजार मील दूर गया था
या जिन्दगी का कोई एक क्षण जो काँपता
सारी जिन्दगी में फैल गया था जिसकी अदृश्य उपस्थिति
मुझे बेचैन कर रही थी

लेकिन वह जब रोया तो उसकी गूँज
मैंने महसूस की अपनी हड्डियों में

प्रेम-कथा

रात के अन्तिम पहर में दरवाज़ा खटखटाता है एक सितारा
यह प्रेम है; बर्फ सी सफेद देह में पारे सा
धड़कता है उसका हृदय
मैं आँखें खोलता हूँ दीवारों पर पिछली बारिश में गन गयी हैं
कई आकृतियाँ, एक पेड़, कुछ पहाड़ियाँ, बादल बहुतेरे
मेरे पैरों की नसों में थकान सी चटखने लगती हैं स्मृतियाँ
गले में दियासलाई सी जल उठती है प्यास

मैं आया हूँ देश देशान्तरों की यात्राओं से
इन यात्राओं में जगह-जगह छूटते गये हैं
मेरे रंग और उम्र के साल
और अब मैं लौटा हूँ बूढ़ा और रंगहीन
मैं तुमसे सिर्फ इतना कहने आया था। अब मैं जा रहा हूँ
और रहूँगा आकाश के किसी दूर सुनसान कोने में
सुबह होने से ज़रा पहले सितारा चला जाता है
आकाश तक जाती एक सुनसान सड़क पर चलता, इस तरह
अन्त होता है एक प्रेम कथा का।

एक पक्षी उड़ जाता है संगमरमर के स्तम्भ जैसी
चमकीली, निश्चल धूप में
उसकी छाया रह जाती है नदी में, पानी के जाल में
उलझ जाती है

मगरमच्छ उसे अपनी पीठ पर ढो कर
ले जाते हैं पाताल में, अपने आँसुओं से धो कर धूल,
घास के तिनके और तेल के धब्बे छुड़ाते हैं
फिर उससे बनाते हैं अपने बच्चों के लिए झूला

पक्षी उड़ता जाता है अकालग्रस्त उजाड़
गाँवों और दुर्घटनाग्रस्त शहरों के ऊपर
जहाँ बिखरे हैं अर्थविहीन निस्तेज अक्षर
बारिश की प्रतीक्षा करते हुए

संगमरमर में स्तम्भ पर लिखी हैं खून पसीने हताशा और पश्चात्ताप
से सारे युद्धों की गाथाएँ धुँधली

जब नदी भी सूख जाती है पाताल तक
मगरमच्छ और अन्दर चले जाते हैं, पक्षी
नदी में उतरता है अपनी छाया को अपनी पीठ
पर लाद कर बाहर आता है

पक्षी रख देता है अपनी छाया स्तम्भ के
शीर्ष पर और स्तम्भ के अँधेरे में कूद पड़ता है

कहीं धीमे-धीमे बारिश शुरू होती है.......

यह आखिरी जगह है जहाँ से जाते हुए
छूटने का दुःख हो रहा है
आगे से यह दुःख नहीं होगा

हर बार भटकते हुए बंजर जमीनों और उजड़ते हुए

शहरों के दरमियान
मैंने यही सोचा : अब किसी भी आवाज़ पर मुड़ कर नहीं देखूँगा
लेकिन जहाँ भी रुका मैं कहीं दो घूँट पानी पीने
शताब्दियों से जागते स्मृतिविहीन जल में मुझे दिखे जाने कब से
लौटते हुए प्रवासी पक्षी और
मेरी रक्त वाहिनियाँ जमीन के अन्दर फैल गयीं
मेरी आँखों के गोलार्द्धों में उतर आयीं चीलें
तैरती रहीं
मेरी आँतों में एक हत्या हुई
मेरे हाथों में हुआ एक जन्म

भविष्य के लोग अपने भविष्य में
बनी उजाड़ इमारतों में बसने जा रहे थे

मेरे गले में अटका था एक शब्द का बीज
जिसे मरते हुए आदमी ने कहना चाहा था
और जिसे नवजात बच्चे को कहना था
यही हुआ हर बार
मैं देखता रहा अपने अन्दर जंगली घास उगती सृष्टि
फिर धीरे-धीरे धूप में सिकुड़ कर उसका एक सूई की नोक पर ठहर जाना

मैंने तब भी कहा था
जो मैं फिर कह रहा हूँ
यह आखिरी जगह है जहाँ से जाते हुए
छूटने का दुःख हो रहा है
आगे से यह दुःख नहीं होगा।

सुबह एक बगुलों के झुण्ड की तरह

सुबह एक बगुलों के झुण्ड की तरह धीमे-धीमे उड़ रही थी
आकाश में
उजली हरी स्याही से छप रही थी दूब
ओस से भीगी
जिस पर खड़े-खड़े मैंने खो दिया
अपने आप को

मैं अँधेरा था रात का जो घुल रहा था सुबह में

पिछली शाम मैं मेरी बचपन की टूटी चप्पल और स्कूल खो चुका था
रात होते-होते एक सिगरेट का पैकेट और
चन्द किताबें गायब हो चुकी थीं
रात एक बाढ़ की तरह थी जिसमें स्मृतियों से
चीज़ें आ आकर बहती चली जा रही थीं
एक लड़की की आवाज़ धीमे-धीमे कम हुई जा रही थी
मैंने उसकी आवाज़ को बहते देखा एक टूटे बक्से
और फूलों से लदी झाड़ी के साथ
कोने वाले दर्जी की छोटी सी दुकान को मैंने बहते हुए देखा
सुबह होते-होते एक दोस्त की उम्र ज्यादातर बह चुकी थी
सुबह मैंने जिसे खोया वह मेरा शहर था खोते-खोते
मैंने पाया कि मैं एक रेलवे प्लेटफार्म था जहाँ से
चला गया शहर कहीं और

खोते-खोते मैंने पाया कि जो मैंने पाया वह भी
मेरा शहर था जो उतरा प्लेटफार्म पर

सुबह मैंने पाया एक सुबह को जो घुल रही थी हवा में
मैंने देखा कि घुलते-घुलते सुबह एक आईना थी
जिसमें उड़ रही थीं तितलियाँ
मैंने पाया खुद को आईने के अन्दर।

दो बारिशों के बीच

समय को नापने का सबसे अच्छा तरीका यह है
कि दो बारिश के मौसमों के बीच की दूरी को नापा जाये
दो सर्दियों में या दो गर्मियों के मौसम
भी ठीक हैं इसके लिए
वैसे समय को नापने के कुछ खराब तरीके भी हैं
मसलन—उम्र

दो बारिशों के बीच कोई जगह ऐसी होती है
जहाँ पिछली सारी बारिशों की स्मृतियों
के अर्थ बदल जाते हैं
उस जगह पिछली बारिश में उगी झाड़ियों
पर फूल खिलने लगते हैं

दो बारिशों के बीच अक्सर होता है एक धूप का टुकड़ा कहीं
हमारे सपनों का रंग बदलता हुआ
जैसे गेहूँ पकता है धूप का सुनहरा रंग
सोखता हुआ

जहाँ गेहूँ पकता है दो बारिशों के बीच
ठीक उसके बगल में एक नदी बहती है
गहरे नीले रंग का पानी लिए पारदर्शी

नदी में होता है पानी पिछली बारिश का
अगली बारिश का इन्तजार करता हुआ

इस वक़्त तक पिछली बारिश की थकान और उदासी
पानी की तली पर स्पष्ट दिखाई देने लगती है

इसी लिए मैं कहता हूँ कि एक और बारिश होती है
दो बारिशों के बीच
लगातार होती इस बारिश को देखा जा सकता है
यदि यकायक तुम खोलो कोई प्रिय किताब
पसीने से गन्धाते किसी दोस्त के साथ बीड़ी पियो
किताब के शब्दों और तुम्हारे बीच
दोस्त और तुम्हारे बीच
इस बारिश की आवाज़ सुनाई देगी

दो बारिशों के बीच अनन्त कोलाहल है वहीं
कुछ चुपचाप क्षण दुबके रहते हैं घास में
इन्हें ध्यान और सावधानी से छुओ
इन्हीं सुनसान जगहों पर कई पक्षियों के शव
मिलते हैं कितने उजड़े मकान
दो बारिशों के बीच कितना बड़ा हो जाता है आदमी

यों दो बारिशों के बीच इतनी सी जगह है
कि एक छोटी सी कविता रख दें
अंट न पाये
यों सारी उम्र बिता दें
दो बारिशों के बीच तो भी कम पड़े।

औरत

आसमान की सबसे निचली सतह तैरती है
छतों के ऊपर-ऊपर धुँधली
एक बिजली का खम्भा आसमान की अनेक सतहों के आरपार
खड़ा है बिना रौशनी का
एक धुँधली रौशनी वाले कमरे में शराब पी रहे हैं दो लोग

एक औरत सड़क पर धीमे-धीमे गुज़रती है या कि
दृश्य में मौजूद है
सफेद साड़ी पर बैंगनी फूल

आसमान की विभिन्न सतहों पर लोग बिस्तर बिछा रहे हैं
एक आदमी खम्भे पर चढ़ कर लट्टू जला देता है
और वहीं कहीं गुम हो जाता है
शराब पीने वालों में एक आदमी चीख रहा है
एक खामोश है
जैसे भविष्य की आशंका को जानकर

औरत धीमे-धीमे गुज़रती रहती है या कि
दृश्य में मौजूद है
सफेद साड़ी पर गुलाबी फूल

दिन भर की रौशनी सिमटी है एक अकेले लट्टू में
दिन भर का शोर खामोश बैठे आदमी के दिमाग में है
हवा की जलती आँखों में भरा है धूल और वाहनों की
गति का अत्याचार
औरत खम्भे के पास आती है और सड़क पर से
उठाती है
एक चमकदार सिक्का
यह एक पिसा हुआ सिक्का है, बहुत पहले चलन से बाहर
औरत अचानक साफ दिखने लगती है और
बुक्का मार कर चीख उठती है—यही है मेरी सारी
जिन्दगी का मोल

सफेद साड़ी पर लाल फूल

फूलों का रंग है दिन भर हवा में बसी गरमी
और थकान
वे रंगहीन हो जाते हैं और उनका रंग फैल जाता है
आसमान की सारी सतहों पर।

मैं एक विस्मृत आदमी होना चाहता था

मैं एक विस्मृत आदमी होना चाहता था
पहले मेरी बहुत से लोगों से पहचान थी,
मैंने उनसे स्मृतियाँ पायीं कविताएँ लिखीं

कविताएँ लिखीं और विद्वज्जनों की सभा में यश लूटा
मेरे अन्दर एक विराट चट्टान थी जिसके आसपास पेड़ों पर
बहुत से बन्दर रहते थे
जो फल खाया करते थे

मैं जब विद्वज्जनों की सभा से बाहर निकला तो
हवा में जहर फैला हुआ था
सारे बन्दर उससे मारे गये, मैं बहुत उदास हुआ
और अकेला चट्टान पर बैठा रहा
पेड़ों से हरे पत्ते और आकाश से पारदर्शी
पत्ते मुझ पर झरते रहे

मैंने कहा—मैं एक विस्मृत आदमी होना चाहता हूँ
जब बन्दर ही नहीं रहे तो सारे परिश्रम का क्या अर्थ है
मैं पत्तों से पूरा ढका दो कल्पों तक बैठा रहा चट्टान पर
तपती धूप में
किसी समय हवा से नयी और स्मृतियाँ गायब हो गयीं
किसी युग में पेड़ भी कट गये

एक दिन एक तितली मेरे कन्धे पर आकर बैठ गयी
उसने कहा—सारे युद्ध समाप्त हो गये हैं
सारी विशाल इमारतें और मोटरकारें आधी
धँसी पड़ी हैं जमीन में
सारे अखंड जीव नष्ट हो गये हैं
हवा से नमी और स्मृतियाँ गायब हो चुकी हैं
पीड़ा से ऐंठता मैं पहुँचा बाहर
विद्वज्जनों की सभा में पहुँचा
वहाँ बिना सिर और पंखों वाले लोग बैठे थे
मेरा बटोरा हुआ यश दरियों पर बिखरा पड़ा था
मैंने कहा—मैं एक विस्मृत आदमी होना चाहता था
लेकिन मैं........
लेकिन कोई फायदा नहीं था
उन लोगों के पास कोई स्मृति नहीं थी।

शहर के बीचोंबीच एक उजाड़ जगह पर कुछ लोग बैठे हैं

आत्मीय जनो, आत्मीयता खत्म हो चली
अब चलें,

आत्मीयता, जिसे हम जाने कब से पीते रहे
उसे एक दिन खत्म होना ही था
स्मृतियों का शरीर झरना ही था
अब ठठरियाँ बज रही हैं यहाँ सुनसान में
हवा में बढ़ रही है ठंडक
हम भी बढ़ा लें यह करुण दुकान, तो अच्छा हो
आत्मीयता खत्म होने से सब कुछ खत्म नहीं होता
दुनिया में अब भी बहुत कुछ है देखने को
वही देखें हम

शहर केंचुली की तरह झाड़ता है पुराने मकान
नंगे बुचे शहर में ठंड ज्यादा लगती है
ठंड में आत्मीयता ज्यादा खर्च होती है
यह सच है हममें से हरेक के
असंख्य हाथ-पाँव थे पहले
अब कोई फायदा नहीं
अपने अदृश्य हाथ-पाँव सहलाने से

युद्ध इतना पुराना हो चुका कि हमें ही
कितना याद रहा है
अब तो हम सबके वर्णन भी अलग-अलग हो चले हैं

आत्मीय जनो, विदा लें, आत्मीयता ही खत्म हुई है
जीवन नहीं, अलग-अलग जा कर मरें
आत्मीय जनो, अब चलें।

रातें

एक रात है जिससे मैं गुजरा नहीं
उसे देखा है मैंने गुज़रते
वह लौट कर आयेगी फिर किन्हीं शान्त क्षणों में
किसी रेल की तरह
असंख्य चेहरे कुछ क्षण रुकेंगे फिर
काँपते हुए ओझल हो जायेंगे
उसे देखा था मैंने बहुत पहले गुज़रते हुए,
एक उजड़ते हुए इलाके में
एक सूखी नदी के पुल पर से
उसमें से असंख्य लोग जो
घुल रहे थे रात के तेज़ाब में
छोड़ कर जाते हुए अपने-अपने मकान

रात भर झरते रहे एक अदृश्य पेड़ से असंख्य तोतों के पंख

तय होता है लौटना रातों का मगर कब
कोई नहीं जानता
कई दिनों तक बंजर धूप में प्रतीक्षा करते हैं दो-चार लोग
धीरे-धीरे धूल के बवंडरों से प्रतीक्षा ढँक जाती है
लेकिन कभी एक अन्तहीन लम्बी रेलगाड़ी आती है
सीटी बजाती

लोगों की नींदों के बीच रुकती है
स्वप्न में लोग देखते हैं अपने भय और पाप क्षण भर
सुबह होने पर
कोई स्मृति नहीं
एक हल्की सी बेचैनी केवल
वह भी दिन चढ़ते गायब
धूप में धरती पर बिछे चमकते हैं असंख्य तोतों के पंख

लेकिन मान लीजिए ऐसा हो कभी
कि किसी रात
लौट कर आ जायें असंख्य रातें एक के बाद एक
तोतों की फड़फड़ाहट और चीखों और रेल की सीटियों
से भर जायेगी रात
और तब नींद में से जाग कर चीखेंगे लोग
और तब बचने का कोई रास्ता न होगा।

पाठशाला

कक्षा में जितने लड़के उपस्थित हैं सब
महसूस करते हैं उसका न होना
वह एक, जो कभी नहीं आया
वह जिसकी प्रतीक्षा है
द्वितीय विश्व युद्ध का इतिहास या तितलियों का जीवन चक्र

पढ़ाते-पढ़ाते शिक्षक बार-बार अटकता है दरवाज़े की ओर
देखती है
वह जो कभी नहीं आया
वह जिसकी प्रतीक्षा है

जब से यह पाठशाला बनी है......
अब तो इसका पलस्तर झरने लगा है
छतों के खपरैल टूट-फूट गये हैं
जाने कितने लड़के इससे निकल कर
दूर-दराज चले गये हैं अलग-अलग किस्म की
गुलामी करने

अब भी जब वे अपनी पस्त, गन्धहीन नींद में
सपने देखते हैं
देखते हैं पाठशाला

उन्हें महसूस होती है उसकी कमी
वह एक, जो कभी नहीं आया
वह जिसकी प्रतीक्षा है
पाठशाला ने उन्हें जीवन भर के लिए
यह खालीपन दिया है
द्वितीय विश्वयुद्ध या तितलियों का जीवन-चक्र
उसी सन्दर्भ में उन्हें धुँधला सा याद है
बहुत खामोशी से टूट-फूट रही है
पाठशाला इसी खालीपन के अन्दर

जब यह पाठशाला बिल्कुल नष्ट हो जायेगी
किसी रात वह आयेगा उड़ता हुआ
उसके पैरों में चिड़ियों के पंख उगे होंगे
वह फूट-फूट कर रो पड़ेगा
"इन पंखों ने मुझे धोखा दिया
ये तब उगे जब पाठशाला बिल्कुल नष्ट हो गयी।"

शाला का बूढ़ा शिक्षक मरने से ठीक पहले
जानेगा उसका रोना
वह जो कभी नहीं आया
वह जिसके पंख देर से उगे।

प्रेम-कथा का अन्त

मैंने तुमसे इस कदर प्रेम किया कि
इज्जत की भी कोई परवाह नहीं की
लौटते हुए बची-खुची इज्जत चौराहे पर
बेच दी और दो सिगरेटें खरीदीं
घर आकर लम्बी तान कर सो गया

अगले दिन मैंने दोस्त से कहा
सोचता हूँ सिगरेट पीना छोड़ दूँ
स्वास्थ्य भी खराब होता है और इज्जत का
कचरा होता है सो अलग

ठीक यही विचार प्रेम के बारे में भी मेरे मन में आया
जब मैं
दोस्त के साथ सड़क पर घूम रहा था
हमने एक धर्मादा प्याऊ पर पानी पीया
उधारी में दो सिगरेटें लीं
उस साल बहुत ज्यादा गरमी पड़ी थी
बाद में मालूम हुआ गाँवों में भारी अकाल पड़ा था

ठीक यही विचार प्रेम के बारे में भी मेरे मन में आया
मैंने उसे एक किताब में रख दिया और
भूल गया, लाइब्रेरी की किताब थी, वापस कर आया

तुम बहुत पहले शहर छोड़ कर चली गयी थीं
मैं भटकता रहा अकेलेपन में
फिर दोस्त मिला, भावुक होकर उससे कहा
मैं तुम्हारी खातिर जान दे सकता हूँ
उसने कहा–ऐसा मत करना
बचा ही क्या है तुम्हारे पास
सिर्फ जान ही तो है, वह भी दे दोगे
तो तुम्हारे पास कुछ नहीं रहेगा।

सड़कें

मैं आज उन सड़कों के बारे में
लिखना चाहता हूँ जो मेरी कविताओं की पंक्तियों
के बीच फैली हैं अन्तहीन
किसी विशाल पेड़ की अन्तहीन जड़ों की तरह
शहर के बदन में धँसी हुई सड़कें
जिन पर हवा के झोंकों की तरह
गुजर जाते हैं लोग अपनी बातचीत छोड़ते हुए

मैं आज उन दुर्घटनाओं के बारे में लिखना चाहता हूँ
जो किसी वक्त होती हैं सड़कों पर
हवा में खिंच जाता है बिजली का झनझनाता तार
हालाँकि वे नहीं रहती कुछ देर बाद
किसी अखबार की खबर की तरह
या अस्पताल में हुई किसी मौत की तरह
जो नहीं रहती कुछ देर बाद

लेकिन देर रात गये सड़कों पर उभरते हैं खून के धब्बे
और लोगों की बातचीत के अंश
निरुवक्त सड़कों पर आवारा कुत्ते और बीड़ियाँ पीते शरीबी होते हैं
हवा में उड़ते कागजों के नीचे, खुदरे शरीर के पोरों में
सुरक्षित रखती हैं सड़कें
सब घटनाओं को देर रात गये

अपने डामर और गिट्टी के बने होंठ हर किसी के सामने
नहीं खोलतीं चुप्पी सड़कें लेकिन हर बात
उनके दिल के अन्दर होती है चुपचाप
मैं आज इस बूढ़े शराबी कवि के बारे में लिखना चाहता हूँ
जो देर रात तक सड़कों से बतियाता रहता था
मैं लिखना चाहता हूँ उसकी बेइन्तेहा आवारागर्दी के बारे में
जिसका घनिष्ठ सम्बन्ध है इन सड़कों से
और उसकी कविताओं से।

चश्मा

यह चश्मा मुझे विरासत में मिला है मेरी माँ से
मेरी माँ की आँखें मेरे जन्म के पहले से ही कमज़ोर हैं

मैं इससे प्रेम करता हूँ हालाँकि यह मुझे
माँ की नहीं मेरी एक कमज़ोरी की याद दिलाता है

हर वक्त मेरे साथ रहता है यह चश्मा
कितनी सारी दुनिया देखी इसके सहारे मैंने
कितनी सारी चीज़ों की तस्वीरें इकट्ठी हैं इसमें
बहुत सारी नदियाँ बहती हैं इसमें
उड़ती हैं पत्तियाँ इसमें इकट्ठा हवाओं में
बहुत सारे शब्द इसकी स्मृति में हैं
तेज़ धूप में जब चलता हूँ मैं तो मेरे पसीने का
नमक सोखता है यह
हर बारिश में धुँधला हो जाता है और पिछली
बारिशों की स्मृतियाँ जमती हैं इसमें

जब मैं सोता हूँ तो मेरे सिरहाने रहता है और
सपने देखता है मेरे साथ

चुभती है जब बात कोई मेरी आँखों में
और पानी भर आता है
मैं इसको उतार कर पोंछता हूँ कमीज़ से अपनी

चीज़ें

चीज़ें कविताओं के बाहर थीं
मैं नहा कर निकला बाहर
तो धूप मेरे कपड़ों पर बिखर गयी
हवा मेरे कुरते के अन्दर पेड़ सी हिल रही थी
रास्ते में मिला एक दोस्त बातचीत के दौरान
मैंने उससे कहा
''हवा और धूप घर के बाहर हैं
घर धब्बों और खरोंचों से भरा आईना है
जिसमें हवा और धूप का धुँधला सा अक्स है''

अरे, कविता तो थी बातचीत में !

दर्ज़ी

शहर के चमचमाते बाजार के एक थोड़े
शान्त कोने में
जूतों की दुकान और एक होटल के बीच
छोटी सी गुमटी में बैठा वह दर्ज़ी
शहर को सीता रहता है
सुबह से शाम तक वह सीता है
उधड़े हुए शहर के हिस्से
एक प्राचीन खड़खड़िया मशीन से

सबसे पहले खुलती है दुकान बाज़ार में
यही
तब वह चाहता है कोहरे को और आकाश के
लाल हिस्से के टुकड़े को सी देना
मुश्किल यह है कि उसकी दुकान की बगल से
बहती नाली में गन्दा पानी बहने लगता है थोड़ी देर बाद
वह पहले ही सुबह की हवा से ढाँपना चाहता है उसे
दिन भर वह सीता रहता है उधड़ी हुई सीवनें
शहर की सड़कें
सिलते सिलते वह हड़बोंग भागते वाहनों और
ढेर सारे धुएँ को थोड़ी भली शक्ल
देने की कोशिश करता है

उसकी श्वास नलिकाओं में दौड़ती हैं कारें और बसें
और उसके फेफड़ों में भरता है धुआँ
उन्हें सिलने की प्रक्रिया में वह पाता है मशीन के नीचे
खुद को
उसके हाथों पर ज़ख्मों की तरह
खड़ी हो जाती हैं बहुमंजिला इमारतें रोज़
वह आखिर करे भी तो कितनी कोशिश
पेड़ सुबह लोग पहाड़
वह क्या-क्या बचाये
जराजीर्ण गन्दी बस्तियाँ
ज़रा हाथ लगाओ फट जाती हैं
वह देर रात तक जुटा रहता है
और अगले दिन शहर मिलता है वैसे का वैसा
उसकी उम्र में जुड़ती जाती है
सारे धागे और कपड़े की लम्बाई जिसे उसने सिला है
इसके बारे में वह सोचता है दोपहर में
दो मिनट सुस्ताने के लिए
बीड़ी पीता हुआ।

ऊब

एक ऊब थी जो धीरे-धीरे हमारे होने में शामिल थी
जो घेर लेती थी किसी शोर की तरह बातचीत
के शब्दों को
और उन्हें थका कर चुप कर देती थी
शाम को काली छायाओं में बदलते पेड़ों पर सवार थी ऊब
प्रेम अक्सर बेहद ठण्डी हवा की तरह
दुखती पेशियों में झुरझरी पैदा कर जाता था
प्रेम एक अजीब ढंग से हमारे होने को याद
दिलाता था
हमारे होने और उसके एहसास के बीच
जो खाली जगहें थीं वहाँ ऊब धूल और जालों की तरह
जमा हो रही थी।

अक्सर शाम को एक शहर था जो बाज़ार ज़्यादा था
जिसमें भड़कीली रोशनियाँ फौलादी ठंडक में घिरी थीं
ठंडे फौलाद पर
पानी की लकीरों की तरह ऊब थी
जो रात तक फैली थी।

रात
एक प्रतीक्षा थी अँधेरे में

प्रतीक्षा को बचाना था ऊब से
प्रतीक्षा एक सड़क थी जिसके दोनों ओर
लगे पेड़
सुबह-सुबह ओस में भीगे ऐसे लगते थे
जैसे अपने अंकुर होने को याद कर रहे हों।

नींदें

सूरज ने दरवाज़ा खोला
और असंख्य नींदों ने पंख फड़फड़ाये
और उड़ गयी
सूरज के उस पार
प्रकाश के अनन्त सागर पर

नींदें तब तक उड़ती रहीं
जब तक शाम हुई और
सामने सूरज था डूबता हुआ
सूरज के उस पार असंख्य लोग थे
थके हारे घर लौटते

शाम को तमाम बातचीत के बाद
मैंने दोस्त से कहा कि सोने से पहले
ज़मीन पर खड़िया से लिखा
एक बच्चे ने
स्वप्न।

प्रश्न चिह्न

वह एक हारे हुए आदमी की तरह वहाँ पहुँचता रहा
जब कि हमेशा से उसके विचार में
उसे विजेता की तरह जाना चाहिए था
उसे कभी नहीं मालूम हुआ कि उसकी
जीत की व्यर्थता और
हार की निरर्थकता तक एक पुराने सन्दूक में
मरे पड़े तिलचट्टे की तरह
व्यर्थ और निरर्थक हो चुकी है।

एक ठंडी क्रूर रात में वह बारिश
में आ गया अचानक
और उससे जब कहा कि अब
प्रश्न चिह्न प्रश्नों के पीछे नहीं
आगे लगते हैं उसे आश्चर्य हुआ
और भय कि उसे भाषा तक नहीं समझ पड़ी
और वह एक अस्तित्वहीन चिड़िया
की तरह मर गया बेआवाज़।

बीते हुए दिन

बहुत अच्छे दिन थे दिन जो बीत गये
बीते हुए दिन कौंधते हैं स्मृतियों में
प्रिय गन्ध की तरह, सड़कों पर बदहवास
भटकते हुए अँधेरे में, जो फेफड़ों में
झरता जाता है कोयले की धूल की तरह

बीते हुए दिन बहुत अच्छे दिन थे
छूटी हुई जगहों में बिताये हुए दिन
जगहें अच्छी थीं कितनी जो छूट गयीं

लगातार असुरक्षा अपमान और उदासी
रही होगी उन जगहों और दिनों में भी
यह सोचा जा सकता है

पर जैसे-जैसे दिन बीते हुए दिन होते जाते हैं
उनसे जुड़े हुए दुःखों की स्मृतियाँ घुल जाती हैं
धीमे-धीमे हवा में

अच्छे लगेंगे ये दिन भी जब ये भी बीते हुए दिन
हो जायेंगे

क्या मज़े की बात है कि अच्छे दिन होने के लिए
ज़रूरी है कि दिन
बीते हुए दिन हो जायें।

यात्रा

धुन्ध सी धुँधली भोर में घुसती है एक ट्रेन
रात भर की यात्रा के बाद
नवजात हरे रंग की उजास का एक टुकड़ा
चिपक जाता है हर खिड़की पर
अन्दर लोग हैं
सोते हुए
अन्दर ही अन्दर रोते हुए
खड़े-खड़े ऊँघते हुए
अपने सामानों में जैसे बचा कर कुछ
भागते हुए शरणार्थी
रेल के अन्दर रात है न सुबह
क्या बचा पायेगी रेल उन लोगों के सपनों को
जो बचा नहीं पायी है अपना रेल होना

अन्धा खरगोश

एक प्रेम कविता लिखने की कोशिश में
मैं प्रेमिका से परे पहुँच गया
वहाँ एक विशाल हरी घास का मैदान था
जिस पर एक खरगोश था
मैंने पूछा उससे—तुमने देखा मेरी प्रेमिका को कहीं
उसने, कहा—नहीं, मैं कुछ नहीं देख सकता
मैं अन्धा हूँ जन्म से
मैं दूब की गन्ध से सुबह
और तारों की बातचीत से जानता हूँ
रात को
वैसे आज मैंने सुनी है पदचाप एक
जाती हुई उस ओर जिधर से आते हैं तारे
बहुत देर बाद थक हार के मैं लौटा तब
अँधेरा घिर रहा था सड़क पर
और मैंने देखा सारी दुनिया में
घास के मैदान और अन्धे खरगोश थे।

लौटना

अगली बार जब आऊँगा तब कहूँगा
वे बातें जो कहना रह गयी हैं
बातें छूट गयी हैं जैसे बादल वर्षा के बाद
अगली बार मैं याद रखूँगा कि क्या-क्या
छूट गया है इस वक्त में
मैं बीनता रहूँगा नयी-नयी चीजें यात्राओं में
अलग-अलग वक्त की धूल मेरे फेफड़ों में होगी
यह सूरज जिसे हम देख रहे हैं बादलों के बीच छोड़ते हुए
पृथ्वी का स्टेशन धीमे-धीमे
यही सूरज अलग-अलग जगहों पर मेरा चेहरा तपायेगा
और लगेगा किसी दूरदराज़ के उजाड़ वक़्त में मुझे
कि मेरा लौटना जरूरी है
और मैं लौटूँगा तुम्हारे पास
मैं लौटूँगा और लौटेंगी वे चीज़ें जो
तुम्हारी स्मृति के दायरे के बाहर हो गयी हैं
अँधेरे में घुलते कोहरे के पार की बत्तियों
से चमकेंगे बचपन के स्वप्न हमारी बातचीत में
और तब
फिर से छूट जायेंगी कुछ बातें
अगली बार भी।

लौटना

किसी दिन हम लौट कर आयेंगे
हमारे हाथ नहीं होंगे हमारे हाथ
हमारे पैर नहीं होंगे हमारे पैर
हमारे चेहरे बदल चुके होंगे
मगर वे ही होंगे हम वही होंगे हमारे हृदय
किसी दिन भोर के धुँधलके में हम लौटेंगे
हमारे पैरों से आ रही होगी दूब, ओस,
और यात्राओं की गन्ध
और हमारे हाथों में होंगी हमारी कविताएँ
हम तुम्हें पुकारेंगे और सौंपेंगे तुम्हें अपनी कविताएँ
तब तुम हमें हमारी कमज़ोरियों और असफलताओं
के लिए माफ़ करके
वे कविताएँ ले लेना।

घर

रात सड़क पर चलते हुए मैंने घर बनाने की सोची
मैंने कहा 'दीवारें' और वहाँ दीवारें थीं
मैंने कहा 'दरवाज़े' और दरवाज़े लग गये तुरन्त
मैंने आँगन बनाया इसी तरह
और मैंने कहा फिर खुश्बू और गर्माहट
किताबें मैं ले आऊँगा यहाँ मैंने सोचा
और मैं खुश हुआ कि फटीचरी के दिनों
में यह अच्छा ठिकाना हुआ
फिर सड़क पर चलते हुए मैं घर की ओर
मुड़ा जब मेरे कपड़ों में शहर की अनन्त ध्वनियाँ
और धुआँ लिपटा था
तभी घर एक नन्हे चूहे की तरह उछल
कर शहर में गुम हो गया
यह हुआ किस्सा जब
सड़क पर चलते हुए मैंने घर बनाने की सोची

इस जगह एक अन्तहीन प्रतीक्षा है जो अदृश्य पत्तियों
की तरह बरस रही है
जो चलने से चरमराती है हमारे
यहाँ पत्थरों के नीचे हल्की-सी नमी बची है जिसमें
से केंचुएँ अपना सिर बाहर निकालकर माहौल का जायजा लेते हैं

और फिर मिट्टी पोली करने में लग जाते हैं

मैं कहता हूँ मुझे एक शब्द चाहिए
जो एक शब्द की तरह चाहे कुछ ही देर जीवित रहे
यह विशाल चट्टान एक शब्द थी
और ये पत्थर, यह घास
और केंचुएँ सारे शब्द थे

राजनैतिक और गैरराजनैतिक हत्याकांडों में
मारे गये लोगों और कीटनाशकों से नष्ट हो गयी
प्रजातियों की मरहम पट्टी कर रहे हैं परमात्मा
सारी आकांक्षा, सारा मोह एक बेहद कड़ुवा आँसू
बनकर गिरते हैं एक असीम बंजर में
ईश्वर के अन्दर तपता जा रहा है तेज गुस्सा

मरे हुओं को कुछ नहीं कहना है
वे अपनी शिकायतों का पुलिन्दा यहीं छोड़ जाते हैं
जो कुछ कहना, जीवितों को है
और इन जंगलों और खेतों में लगातार
झर रही है एक अन्तहीन प्रतीक्षा

हवा में घुला हुआ सारा ज़हर, सारा अपमान
सारी लांछना, धुल जाना है बारिश में
इतिहास के पन्नों में लौट कर आता है एक कवि
अपने फटे कपड़ों और अपमान के व्रणों से क्षत विक्षत
आँखों और जुबान के साथ
वह तय नहीं कर पा रहा कि क्या यह उसकी विजय है

मैं कहता हूँ कि मुझे एक शब्द चाहिए
जिसमें सारी कड़ुवाहट भरी हो
एक जहर की गाँठ की तरह जो उगे इस प्रतीक्षा के बीच
स्मृति का जहरीला पौधा

केंचुओं को कोई प्रतीक्षा नहीं है
मिट्टी की नमी और घास की जड़ों में बची रहती हैं
उनके जन्म के पहले की स्मृति
उन्हें कोई भय नहीं है अपनी प्रजाति के नष्ट हो जाने का
जो भय है हमें है, जो प्रतीक्षा है हमें है
हम जो चूकते रहे हैं हर शब्द के जन्म के समय

दोपहर भर पिघलती रही धूप, शाम को बादल छाये हैं
मैं बदलता हूँ पसीने में भीगे विचार और बाहर आता हूँ
बारिश अपने को शुरू कर रही है

यह लम्बी गर्मियों का अन्त है
जिसमें तपती हुई मुंडेरों पर इच्छाएँ और सूखी पत्तियाँ
ठहरी रही दुपहरों में
मैं रोज स्वप्न में देखता था एक बूढ़ा ऊँट
पार करता एक अनन्त रेगिस्तान फैलते आकाश के नीचे
बारिश अपने को शुरू कर रही है

पार सड़क के एक पहाड़ स्वागत करता है बारिश का
पेड़ों के दरवाजे खोलकर
मैं घुस जाता हूँ एक दरवाजे से एक पुराने छोटे से शहर में
जब सड़कों पर इतनी भीड़-भाड़ नहीं थी
काले बादलों भरी देर दोपहर में काली लकड़ी के

बरामदों वाले पुराने मकान सुस्ता रहे थे
एक चन्दन काठ की बहुत बूढ़ी स्त्री एक अनन्त रामायण बाँच रही थी
एक खंडहर का विशाल जर्जर दरवाज़ा था जिसके पार
भविष्य था
जिसमें मुंडेरों पर इच्छाएँ और सूखी पत्तियाँ ठहरी थीं
एक बूढ़ा ऊँट एक अनन्त रेगिस्तान पार कर रहा था
फैलते आकाश के नीचे
असंख्य खाली रेलगाड़ियाँ लौट रही थीं लोगों को कहीं छोड़ कर
प्लेटफार्म के पोस्टरों में असंख्य लोग बैठे थे खामोश
एक समूची पीढ़ी का बेड़ा अरब सागर में गर्क हो चुका था
बारिश अपने को शुरू कर रही थी

अचानक तेज बारिश में धुँधला गयी स्मृतियों में
दिख पड़ती है एक अस्पष्ट आकृति किसी गली के किसी बरामदे में

प्रार्थना

ऐसा कभी न हो जीवन में कि किसी बारिश के
अँधेरे में अचानक सारी पराजएँ याद आयें
बारिश में सिर्फ याद आयें असंख्य बारिशें अनादि काल से
होती हुई पुरातन
पृथ्वी की हड्डियों तक में रिसती हुई
जिसकी सिहरन से काँपने लगते हैं
सतह पर धूल के कणों की तरह तैरते क्षण

मैं जानता हूँ एक दिन यह सारा दुःख बेमानी हो जायेगा
जब वह एक आदमी उठेगा
और अपनी सारी इच्छाओं को खंडहर होने के लिए छोड़ कर
चल देगा—पृथ्वी की सीढ़ियाँ उतरता
उसकी हड्डियों में

बारिशों और धूप और हताशा के बीच गुजरते रहते हैं दिन
लौटता हूँ हर रात, चकरी की तरह,
शहर में दिन भर घूमते थका हुआ
अपने कमरे में आ कर लेट जाता हूँ
देखता हूँ लेटे-लेटे मेज पर पड़े कागजों
किताबों और काँच के खाली गिलास पर
धूल जम रही है

हर रात एक इच्छा अपने झुर्रीदार पारदर्शी हाथों से रख जाती है
एक चाकू मेज़ पर

ऐसा कभी न हो जीवन में कि किसी अस्थिर क्षण में
काँपता हुआ मन वह चाकू उठा ले।

अन्तिम कविता

यह मेरी अन्तिम कविता हो सकती है
इसके बाद शायद मैं मर जाऊँगा

यदि नहीं मरा तो सम्भव है
मैं इतनी दूर यात्रा पर निकल जाऊँ
कि स्मृतियाँ वहाँ तक न पहुँचती हों
इतनी दूर जगहें दुनिया में जरूर होंगी
या ऐसा हो कि मैं दीमक बन कर
लकड़ी के किसी पुराने खम्भे में उसे कुतरता रहूँ
या बस ऐसे ही मैं कविता न लिखूँ
सम्भव है
आजकल कुछ भी असम्भव नहीं दुनिया में

ऐसा मुझे तब लगा जब मैं अपने बचपन की
एक सड़क पर पहुँचा एक ढेला
जो मैंने बचपन में फेंका था वहीं हवा
में टँगा था

वह एक पत्थर सड़क किनारे वैसे ही पड़ा था
जिससे ठोकर खा कर मेरे घुटने छिले थे
पर तभी मैंने देखे फूल; फूल जिन्हें खिलना था

कल परसों या एक साल बाद
फूल बोले हमें नहीं खिलना है, हम रहेंगे
बादल में, मिट्टी में, जहाँ हम हैं वहीं ठीक हैं
हमें नहीं खिलना इस दुनिया में

और मुझे लगा कुछ भी असम्भव नहीं
दुनिया की हालत ऐसी है कि किसी भी वक्त
कोई भी कवि तारे सा टूटता दिखाई दे
सकता है।

अन्तिम आदमी

उस वक्त सारी कुर्सियाँ खाली हो चुकी थीं
सबसे अन्त में उनके बीच से निकला वह आदमी
और बीच रात में चलने लगा
उसके दोनों हाथ अपनी जेबों में थे
उसकी उँगुलियों के इर्दगिर्द सवाल लिपटे थे
अन्तिम आदमी अकेला था सड़कों पर
कई सड़कों और गलियों से गुजरा वह
उसे सारे रास्ते मालूम थे
उसे मालूम था कोई रास्ता उसके घर तक नहीं जाता

अन्तिम आदमी था कोई घर नहीं था
अन्तिम आदमी का कोई घर नहीं होता
उसके पास सिर्फ सवाल होते हैं जिन्हें
हल करते-करते जवाब में और सवाल पाता है वह
बहुत ठंडी थी वह रात
कोहरे के समुद्र में एक विशाल गेंद की तरह घूम रही थी पृथ्वी
जिसे सबसे अन्त में छोड़ कर गया वह।

पृथ्वी के अन्त की सूचना

अश्वत्थामा अश्वत्थामा बुदबुदाता है एक आदमी
बीसवीं शताब्दी के महानगर दिल्ली की एक सड़क पर
तेज दोपहरी में

अश्वत्थामा अश्वत्थामा सारे मकानों
की दीवारें गूँजती हैं धीमे-धीमे
दूर एक गाँव में एक नीम के नीचे
करवट बदलता है अश्वत्थामा
उठो अश्वत्थामा, सुनो कृष्ण ने तुम्हें क्षमा कर दिया है
देखो आकाश में फैला यह नीला आलोक
इस हवा की गन्ध पहचानो, कहीं बारिश हो रही है
उठो, तुम्हारी मुक्ति निकट है
यह पृथ्वी नष्ट होने वाली है।

हिसाब

एक बच्चा गणित सीखता है.......

वह भूल चुका है जन्म से पहले सीखी हुई बात कि
हर हिसाब में मृत्यु जोड़ देने से उत्तर ठीक आ जाता है

बाज़ारों में चीज़ों के दाम बढ़ रहे हैं
झोपड़पट्टियों में हैज़ा फैल रहा है
रातपाली का कमउम्र उपसंपादक दुर्घटना में उलटी हुई
ट्रेन को सीधा करने की नाकाम क़ोशिश करता है नींद में
घास की एक, कुछ पेड़ों की, एक तितलियों की प्रजाति
जीवविज्ञान की किताब से ग़ायब हो गयी है इस साल

एक बच्चा गणित सीखता है.......

नहीं, डरो नहीं। यह तो.......

शहर ने पास के गाँव के मेले से चार आने में
मृत्यु का मुखौटा ख़रीद कर पहन लिया है।

माया बाज़ार

भेड़िये की देह से बह रहा है लगातार खून
उसे यह देन मिली है कि जब भी वह ज़ख्मी
होगा किसी और का ख़ून बहेगा उसकी देह से
कोई और तड़प रहा है पीड़ा से, दूर किसी जगह

अपने अनर्गल शोर से बजबजाता है बाज़ार
बाज़ार में एक आदिवासी लड़की आयी है
प्लास्टिक की चप्पलें ख़रीदने
बाज़ार बड़ा दयालु है कि उसमें आदिवासी लड़की के लिए
प्लास्टिक की चप्पलें मिलती हैं
बाज़ार की बड़ी कृपा है कि उसमें घूमता हुआ भेड़िया
दिखता नहीं, डराता नहीं है किसी को

लेकिन आदिवासी लड़की आयी है जंगल से
वह देख सकती है भेड़िये को उसके
रहस्य को जानती है

वह भय से काँप कर ठिठक जाती है वहीं
उसे अचानक बेहद तीव्रता से याद आता है अपना गाँव

जन्म-स्थान

यह शाम की जादुई उजास
बादलों में घुलते हरे काले रंग में भीगे पेड़
क्या यह रास्ता मेरे जन्म-स्थान को जाता है

पीछे एक शहर है
दुकानों में चमकती और जर्जर इमारतों की रस्सियों पर
सूखते कपड़ों के बीच उठता विस्मृति का धुआँ
यातायात संकेतों और भुखमरी के अक्षांश देशांशों
में बस एक शहर
इश्तिहारों, मोटर के शोर और गर्मी से भरे
चौराहे पर कुछए-सी सड़क पार करती अदृश्य खामोशी

फैसले हो चुके हैं बारिश होना बाकी है

मैं रख देता हूँ एक समाप्त अध्याय के पन्ने
रास्ते के किनारे
एक पत्थर के नीचे दबा कर
यह सोच कर कि लौटते हुए उठा लूँगा
यह सोच कर
कि अब यहाँ कभी नहीं लौटूँगा।

अजीबोगरीब किस्से

दूरदराज की यात्रा से दोस्त लौटा है बहुत दिनों बाद
साथ लाया है अजीबोगरीब किस्से

रात में सारा शहर कोहरे की एक झील की तरह
उसमें शब्दों सी रोशनियाँ तैरती हैं
वह अपने अस्त-व्यस्त झोले में हाथ डाल कर
निकालता है कुछ टूटे-फूटे अक्षर

"ये लो, ये मुझे दिये थे एक उजाड़ इलाके में
एक ढाबे के मालिक ने छुट्टे पैसों की जगह
देखो, शायद इनसे कोई शब्द बन सके"

अजीब चीजें लाते हो जब भी लौटते हो मैं कहता हूँ
"मत कहो मैं लौटा हूँ लौटता तो वह है जिसकी
स्मृतियाँ उस शहर की सड़कों में बदल गयी हैं
मैं तो आता हूँ जैसे कभी अचानक
शहर पर हल्का सा धुआँ दिखता है।"
वह चाय के दो घूँट लेता है
फिर हँसता है

"तुम रहोगे इस झील के शहर में या शहर की झील में

घुटते रहोगे यहीं मछलियों की तरह
सारे कारखानों की गन्दगी जमा हो रही है झील में
एक दिन मरे हुए, उल्टे तैरते मिलोगे सतह पर
वैसे तो दुनिया का हिसाब-किताब ही समझ में नहीं आता
लेकिन तुम लोगों का तो जवाब नहीं''

वह चला जाता है कोहरे में अपनी आवाज़ की तरह
मैं स्तब्ध बैठा रहता हूँ टूटे अक्षर हाथ में लिए

दोहराना

यह दुनिया अब रहने लायक नहीं रही
फिर भी इसे छोड़ कर हम जा नहीं सकते
युद्ध जितने तय थे और नहीं थे
हो चुके हैं, बादलों पर टँगे हैं असंख्य तमगे
प्रेम चटख चुका है बार-बार वसन्तों और
बारिशों में
पृथ्वी की समस्त सम्भव घृणा
सारी नदियों में बह चुकी है
दूसरी दुनिया से आयी सारी चिड़ियाँ
वापस लौट चुकी हैं
एक पीला साँप अदृश्य हो गया है झाड़ियों में
कुछ होने को नहीं बचा है
किसी जर्जर बाइस्कोप की तरह
धरती वे ही दृश्य बार-बार दिखा रही है
यह दुनिया अपने को दोहरा रही है
हम जिसमें रह रहे हैं, न जाने कौन सी वह ?
प्रतिकृति है
हर कवि हर पल किसी मरते हुए आदमी की तरह
दोहराता रहता है अपना सारा जीवन
यही हमें करना है
इसीलिए इसे छोड़ कर हम जा नहीं सकते।

स्मृति ध्वंस

हम भूल जायेंगे उस जगह को जहाँ की धूल
हमारे पैरों की तहों में बसी है—एक दिन हम
गर्म तपती हुई रेत पर चल कर
नदी के ठंडे पानी में पैर डुबोने की स्मृति को
फिर से पाने जायेंगे—और पायेंगे कि
नदी सूख चुकी है और हमारे पैर पत्थर
हो चुके हैं

एक आदमी किसी दूसरे ढंग से बतायेगा—मर जाना
चिड़ियों की स्वाभाविक परिणति है और झर जाना पत्रों की

एक रात एक आदमी हमारे पास आ कर कहेगा
पीछे मुड़ कर देखने का अर्थ है पत्थर हो जाना।

आदतें

मेरी आदत है रातों को जागना
और पढ़ते-पढ़ते रोशनी बुझाए बिना सो जाना
मुझे पसन्द था बार-बार चाय पीना
इन आदतों में और इन आदतों से जिन्दगी कटी मेरी
कैलेंडर की तारीखों की तरह बदलती हैं आदतें और
कुछ वक्त बाद पुराने कैलेंडर की तरह आदमी : ऐसा नियम है

आदत थी मेरी सिर्फ भटकने की दूर-दूर तक उन दिनों
जब मैं हजारों साल पहले रहता था
गंगा तट पर जंगलों में
धीरे-धीरे बदली आदतें इन दिनों
पायी सबसे नयी आदत ग़म खाने की
पछतावा सहने की आदत पिछले महीने डाक से आयी थी
उसके ही दो दिन पहले चाय पीने की आदत
औपचारिकता में बदल चुकी थी
मैं इसी तरह इच्छा-अनिच्छा
के दरवाज़ों के बीच से
हवा में उड़ते सूखे पत्ते सा
गुज़रता रहा हमेशा

सपनों के आरपार झूलती हैं आदतें रातों में

पतंगों की तरह तनी आकाश में
कह कर कोई जाती हुई दूर तक
अदृश्य होती हुई
एक बच्चा उड़ाता है पतंग एक बेहद पुरानी गली में
जहाँ से गुज़रते अचानक तलब लगती है चाय की

घोंघा

उस घोंघे के बारे में सोचता हूँ तो सूझती है एक
सर्पिल रेखा दिन महीने और सालों के बीच से गुज़रती
एक खामोशी का तीर छोड़ा गया किसी आदिम जंगल से
धीमे-धीमे बढ़ता दुनिया के कोलाहल में, ढूँढ़ता
किसी अजन्मे क्षण को

मुझे याद है देखा था मैंने उसे चलते हुए एक प्राचीन
खंडहर के पास
खंडहर और मेरे बीच प्रकट हुआ अचानक
अनादि काल से चलता हुआ
फिर मैंने देखा था उसे तेज बारिश के दिन
एक सार्वजनिक अस्पताल के बरामदे में
मरीज़ों के डरे हुए और थके हारे रिश्तेदारों की भीड़ के बीच

झोले में सब्जी और दिमाग में शहर का जटिल मानचित्र
लिए जल्दी में घर लौटते लोग
लाउडस्पीकरों पर फिल्मी गाने बजाते पान वाले
नहीं देख पाते व्यस्त सड़कों पर देर शाम
एक धुँधली रेखा सर्पिल गुजरती उनके बीच से
जिसमें धुएँ की तरह छूटती रहती हैं आदिमकाल से
अब तक की ध्वनियाँ

क्या दर्ज़ करूँगा मैं पहुँच कर
इस यात्रा के अन्त में वह विशाल रजिस्टर
झूल रहा है घड़ी के पेंडुलम की तरह
जिसमें मुझे लिखना है आज में बारे में

(वहाँ तक पहुँचते यह पुराने मकानों की पाँत खत्म हो जाती है
मौत से बचो–एक जर्जर मकान के छज्जे से चिल्लाता है एक कवि)

क्या दर्ज़ करूँगा
इस देर दोपहर की पीली हवा के बारे में लिखूँगा
या उन लोगों के बारे में जो सार्वजनिक बगीचे में बैठे हैं अभी
और किसी भी वक्त उठ कर चल देंगे
ईश्वर को धन्यवाद देंगे कि वे
सही वक्त पर घर पहुँच गये
(मौत से बचो–एक जर्जर मकान के छज्जे से चिल्लाता है एक कवि)
या लिखूँगा इन घूसर जादुई छायाओं के बारे में
जो धूप में घुल रही हैं धीरे-धीरे
जो रात में बन्द किवाड़ों को खटखटाएँगी सारे मोहल्ले के

(मैं अपने वक्त में थका हुआ आदमी क्या दर्ज़ करूँगा आखिर)

या लिख पाऊँगा वह बात
जो इस शाम फैली है पेड़ों के ऊपर-ऊपर दूर तक
बात ऐसी हल्की और धुँधली
जैसे शुरू सर्दियों का कोहरा
जिससे और कुछ नहीं सिर्फ पिछली सर्दियों की स्मृतियाँ जग सकती हैं
कवि अपने जले हुए पैरों से चला जाता है अपने स्वर्ग की ओर